Anne van Stappen

Caderno de exercícios de

comunicação não violenta

Ilustrações de Jean Augagneur
Tradução de Maria Ferreira

EDITORA VOZES
Petrópolis

© Éditions Jouvence S.A., 2013
Chemin du Guillon 20
Case 1233 — Bernex
http://www.editions-jouvence.com
info@editions-jouvence.com

Tradução do original em francês intitulado
*Petit cahier d'exercices de la
communication NonViolente*

Direitos de publicação em língua portuguesa —
Brasil: 2020, Editora Vozes Ltda.
Rua Frei Luís, 100
25689-900 Petrópolis, RJ
www.vozes.com.br
Brasil

Todos os direitos reservados. Nenhuma parte desta
obra poderá ser reproduzida ou transmitida por
qualquer forma e/ou quaisquer meios (eletrônico
ou mecânico, incluindo fotocópia e gravação) ou
arquivada em qualquer sistema ou banco de dados
sem permissão escrita da editora.

CONSELHO EDITORIAL

Diretor
Volney J. Berkenbrock

Editores
Aline dos Santos Carneiro
Edrian Josué Pasini
Marilac Loraine Oleniki
Welder Lancieri Marchini

Conselheiros
Elói Dionísio Piva
Francisco Morás
Gilberto Gonçalves Garcia
Ludovico Garmus
Teobaldo Heidemann

Secretário executivo
Leonardo A.R.T. dos Santos

Editoração: Leonardo A.R.T. dos Santos
Projeto gráfico: Éditions Jouvence
Arte-finalização: Sheilandre Desenv. Gráfico
Revisão gráfica: Fernando S.O. da Rocha
Capa/ilustrações: Jean Augagneur
Arte-finalização: Editora Vozes

PRODUÇÃO EDITORIAL

Aline L.R. de Barros
Marcelo Telles
Mirela de Oliveira
Otaviano M. Cunha
Rafael de Oliveira
Samuel Rezende
Vanessa Luz
Verônica M. Guedes

Conselho de projetos editoriais
Isabelle Theodora Martins
Luísa Ramos M. Lorenzi
Natália França
Priscilla A.F. Alves

ISBN 978-85-326-6498-3 (Brasil)

ISBN 978-2-88911-589-2 (Suíça)

Este livro foi composto e impresso pela
Editora Vozes Ltda.

Dados Internacionais de Catalogação na Publicação (CIP)
(Câmara Brasileira do Livro, SP, Brasil)

Stappen, Anne van
    Caderno de exercícios de comunicação não violenta /
Anne van Stappen ; ilustrações de Jean Augagneur ; tradução
de Maria Ferreira. — Petrópolis, RJ : Vozes, 2020. —
(Coleção Praticando o Bem-estar)

    Título original: Petit cahier d'exercices de communication
nonviolente
    Bibliografia.

    6ª reimpressão, 2024.

    ISBN 978-85-326-6498-3
    1. Comunicação — Aspectos psicológicos 2. Comunicação
interpessoal I. Augagneur, Jean. II. Título. III. Série.

20-34910
CDD-153.6

Índices para catálogo sistemático:
1. Comunicação interpessoal : Psicologia   153.6

Cibele Maria Dias — Bibliotecária — CRB-8/9427

Introdução

Desejo agradecer calorosamente a Marshall B. Rosenberg pela maneira espetacular como transformou, enriqueceu e até mesmo salvou inúmeras vidas graças ao processo e à filosofia da comunicação não violenta (CNV) da qual é o criador.

O objetivo deste caderno de exercícios é difundir amplamente a CNV, que é esta **arte do diálogo a serviço de uma arte de viver**, a fim de realizar o sonho de seu fundador: **que todo ser humano possa conhecer uma maneira de se relacionar que encoraje a paz, a benevolência e a cooperação**. Cada um(a) terá então à sua disposição outras estratégias que não as de se dilacerar, se atacar ou se matar uns aos outros para cuidar de suas necessidades e de seus valores.

Os exercícios e as noções desta obra foram-me transmitidos, em grande parte, por Marshall B. Rosenberg. Eles constituem um caminho de consciência em direção a mais humanismo e são uma ferramenta privilegiada a serviço do desenvolvimento de nossa inteligência emocional.

Um pequeno aperitivo...

Poderíamos, em nossos relacionamentos, ser pacíficos sem sermos apáticos, vivos e verdadeiros sem sermos explosivos, naturais sem sermos impulsivos? Existe uma maneira de se afirmar sem esmagar o outro e ouvi-lo sem negligenciar a si mesmo? Entre perder as estribeiras e engolir suas palavras haverá uma terceira via?

É o que desejo que você descubra neste **Caderno de exercícios de comunicação não violenta**.

Ao pegar o caminho de comunicação proposto ao longo destas páginas, você verá pouco a pouco aumentar sua clareza, sua autonomia, sua assertividade (capacidade de expressar o que é importante para você levando em consideração a si mesmo e ao outro) e a audácia de expressar mensagens difíceis. Você também será tomad(a) por uma vitalidade aumentada e por uma crescente benevolência para com a condição humana, inclusive a sua!

...seguido de uma advertência

Penetrar na CNV pode ser comparado ao aprendizado de uma nova língua: esta requer prática, determinação e uma absorção paciente.

Então, antes de começar esta leitura, pergunte-se se a viagem (a) seduz e se está pronto(a) para aceitar se descobrir em uma terra desconhecida, onde **nada mais é como antes** e onde o **depois deve ser construído** dia a dia. Em certos momentos, seu único reconforto será lembrar que **uma coisa sempre é difícil antes de se tornar fácil** e que, em seus relacionamentos, muitas vezes complexos e delicados de serem bem-conduzidos, certamente vale a pena você penetrar no país da CNV.

Mas, afinal, o que é a CNV?

A CNV é uma maneira de pensar e de falar que pretende incluir a compreensão e o respeito mútuo nas trocas. Ela ajuda cada um a se reconectar com a parte de si mesmo capaz de compreender com o coração e de se fazer ouvir sem agredir. Quando tentamos viver e aplicar essa maneira de se relacionar, não nos preocupamos somente com o que deve ser produzido, mas também com o que cada um está vivendo. Isso permite abordar o outro mantendo-se em sintonia com sua própria humanidade e, desse modo, estimula-se **a benevolência em si mesmo e no outro**. A confiança e o gosto pela cooperação seguem naturalmente e cada um sai ganhando com isso. Mas ganha-se em um jogo muito particular e ainda pouco difundido em nosso planeta, não CONTRA o outro, mas COM o outro. Quando nos familiarizamos com a CNV, desenvolvemos a consciência de que **não ganhamos se ganhamos sozinhos ou às custas de alguém**.

Desenhe-se sobre um dos pódios e sobre os outros coloque pessoas com as quais você está ou poderia estar competindo ou com dificuldade de relacionamento.

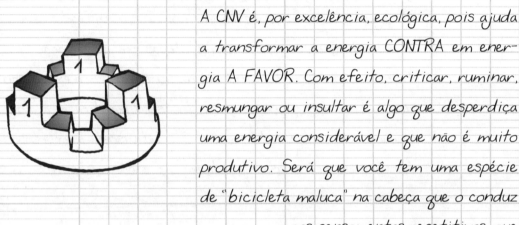

A CNV é, por excelência, ecológica, pois ajuda a transformar a energia CONTRA em energia A FAVOR. Com efeito, criticar, ruminar, resmungar ou insultar é algo que desperdiça uma energia considerável e que não é muito produtivo. Será que você tem uma espécie de "bicicleta maluca" na cabeça que o conduz aos pensamentos repetitivos, que acusam ou julgam ora o outro, ora você mesmo?

Você quer transformar sua linguagem de censuras poluentes em palavras inspiradoras? Então, que tal viajarmos juntos ao país da CNV?

Um pouco de teoria

A CNV é vivida em dois planos:
- O primeiro, próprio fundamento e sentido dessa abordagem, é uma intenção de benevolência e a busca de uma qualidade de conexão.
- O segundo é uma maneira de comunicar visando servir o primeiro; ele consiste em **4 etapas** - a observação dos fatos, a expressão (facultativa) de sentimentos, a expressão das necessidades (na origem dos sentimentos) e a formulação de um pedido - e em **2 subdivisões**: a expressão honesta de si (ou assertividade) e a escuta respeitosa do outro (ou empatia).

Esta maneira de comunicar, em que cada pessoa se considera igual à outra, poderia ser simbolizada por este desenho:

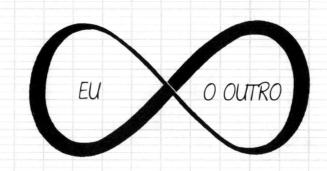

Desenhe a percepção que você tem de sua elipse comparada à das pessoas com quem se relaciona. Se essa autoexpressão varia segundo as pessoas, faça vários desenhos anotando no interior, por exemplo: meus pais, meus filhos, meus colegas etc.

Antes de descobrir as 4 etapas e as 2 subdivisões da CNV, vamos explorar certos aspectos da violência relacional:

"*A violência é a expressão trágica de necessidades não satisfeitas. É a manifestação da impotência e/ou do desespero de alguém que está tão desamparado que acha que suas palavras não bastam mais para se fazer ouvir. Então ele ataca, grita, agride...*"

Marshall B. Rosenberg

A violência relacional existe toda vez que nos apartamos de nossa humanidade ou da do outro. Eis algumas formas de violência relacional:

EM RELAÇÃO A VOCÊ

1. Não se dar ao trabalho de ouvir:
- **suas necessidades**
  ☐sempre ☐geralmente ☐às vezes ☐raramente ☐nunca
- **suas sensações**
  ☐sempre ☐geralmente ☐às vezes ☐raramente ☐nunca
- **seus sentimentos**
  ☐sempre ☐geralmente ☐às vezes ☐raramente ☐nunca
- **seus talentos**
  ☐sempre ☐geralmente ☐às vezes ☐raramente ☐nunca
- **seus impulsos**
  ☐sempre ☐geralmente ☐às vezes ☐raramente ☐nunca

2. Julgar-se *(Não tenho paciência!)*
  ☐sempre ☐geralmente ☐às vezes ☐raramente ☐nunca
- **Desvalorizar-se** *(Sou um zero à esquerda!)*
  ☐sempre ☐geralmente ☐às vezes ☐raramente ☐nunca
- **Culpar-se** *(A culpa é minha, deveria ter...)*
  ☐sempre ☐geralmente ☐às vezes ☐raramente ☐nunca

3. Não ousar partilhar...
- **suas alegrias**
  ☐sempre ☐geralmente ☐às vezes ☐raramente ☐nunca
- **suas tristezas**
  ☐sempre ☐geralmente ☐às vezes ☐raramente ☐nunca

Pinte e medite sobre a seguinte frase:

Partilhar uma tristeza a diminui e partilhar uma alegria a aumenta.

4. Estar sempre se cobrando (Devo, é preciso...)
❏sempre ❏geralmente ❏às vezes ❏raramente ❏nunca

5. Engolir suas palavras *(Para que falar de mim, nin-guém se interessa!)*
❏sempre ❏geralmente ❏às vezes ❏raramente ❏nunca

6. Insultar-se *(Eu me odeio por ser tão idiota!)*
❏sempre ❏geralmente ❏às vezes ❏raramente ❏nunca

EM RELAÇÃO AO OUTRO

1. Julgar, criticar
❏sempre ❏geralmente ❏às vezes ❏raramente ❏nunca

Comparar, culpar *(Sua irmã trabalha melhor do que você!)*
❏sempre ❏geralmente ❏às vezes ❏raramente ❏nunca

Diagnosticar *(Você vai fracassar)*
❏sempre ❏geralmente ❏às vezes ❏raramente ❏nunca

Interpretar *(Se não me cumprimentou é porque me de-testa!)*
❏sempre ❏geralmente ❏às vezes ❏raramente ❏nunca

Generalizar *(Os adolescentes se tornaram incon-troláveis!)*
❏sempre ❏geralmente ❏às vezes ❏raramente ❏nunca

Alimentar ideias estabelecidas, preconceitos
(Os políticos são aproveitadores!)
❏sempre ❏geralmente ❏às vezes ❏raramente ❏nunca

Estabelecer hierarquias *(As pessoas do Sul trabalham mais do que as do Norte!)*
❏sempre ❏geralmente ❏às vezes ❏raramente ❏nunca

2. Alimentar um pensamento binário *(O verdadeiro e o falso, o bem e o mal etc.: Se não estudar, não vai mais sair!* em vez de: *Como você poderia relaxar sem comprometer seus estudos?)*
❏sempre ❏geralmente ❏às vezes ❏raramente ❏nunca

3. Negar sua responsabilidade *(O problema é minha mãe, meu chefe, a falta de sorte...)*
❏sempre ❏geralmente ❏às vezes ❏raramente ❏nunca
É uma dupla violência, contra o outro que é acusado e contra si mesmo ao renunciar ao seu poder. Achamos que podemos nos livrar do problema, mas, como não podemos fazer nada a respeito, perdemos de fato nosso poder.

4. Exigir, obrigar, ameaçar *(Quero o relatório pronto esta manhã, do contrário vamos ter problemas!)*
❏sempre ❏geralmente ❏às vezes ❏raramente ❏nunca
Isso reduz o entusiasmo para fazer as coisas e não garante que sejam realizadas em nossa ausência.

5. Não ter tempo e disposição para escutar o outro
(Você acha que não tenho nada para fazer além de escutar seus problemas?)
❏sempre ❏geralmente ❏às vezes ❏raramente ❏nunca
Isso desumaniza as relações, prejudica a saúde e suprime o prazer de executar as tarefas atribuídas.

6. Dar conselhos não solicitados *(Pratique esporte! Mude de emprego!)*

☐sempre ☐geralmente ☐às vezes ☐raramente ☐nunca

Eis uma maneira de dizer a alguém que sabemos melhor do que ele o que lhe convém.

7. Perder as estribeiras, se irritar com o outro *(Você nunca escuta o que eu digo?!)*

☐sempre ☐geralmente ☐às vezes ☐raramente ☐nunca

8. Negar sua capacidade de escolha *(Tive de fazê-lo. Eram as ordens.)*

☐sempre ☐geralmente ☐às vezes ☐raramente ☐nunca

Ver minha violência é me aproximar de minha serenidade.

Neste caso, onde você está?

Você se considera violento(a)?

Com você? ☐sim ☐não
Com o outro ☐sim ☐não

Nas formas de violência citadas acima, assinale aquelas com as quais se identifica e indique com que frequência.

*Existem outras, não mencionadas, que você gostaria de acrescentar? **Cite-as aqui:***

Como você vive a violência relacional?

Quem são os **alvos** de suas raivas ou agressividades?

- ....

- ....

- ....

- ....

Caso os conheça, quais são os **sinais** que anunciam que você vai oscilar em uma forma de violência?

- ....

- ....

- ....

- ....

Quais **fatores** aumentam suas tendências belicosas?

— *Por exemplo, o cansaço, o barulho...*

- ....

- ....

- ....

Em seu **ambiente**, quais condições ou pessoas o ajudam a ficar em paz ou a reencontrar a calma?

— *Por exemplo, praticar esporte, falar com um amigo...*

- ....

- ....

- ....

Desenhe ou descreva **a mais forte violência relacional** que você manifestou neste ano.

Desenhe ou descreva **o mais belo gesto de pacificação** que você realizou neste ano.

Observe seus desenhos ou escritos e **acolha os sentimentos** que surgem (cf. a lista dos sentimentos da p. 61). Sinta sem se julgar.

Agora, vamos iniciar a primeira parte de nossa viagem. Ela compreende **4 etapas**:

· a observação,

· a expressão do sentimento,

· a expressão da necessidade,

· e o pedido.

A observação

> *"A observação é um importante ponto na resolução dos conflitos porque faz a distinção entre o que é e o que pensamos sobre. É um espaço em que o diálogo torna-se possível."*
> Christiane Goffard (Bélgica)

Muitas vezes, durante uma conversa, pensamos que estamos falando sobre a mesma coisa que nosso interlocutor e imaginamos que temos em comum a mesma lembrança ou a mesma percepção. Mas, na verdade, nem sempre é assim. Muitas vezes também observamos os fatos e, de pronto, julgamos, o que coloca o outro na defensiva e encerra o diálogo. Por isso é essencial formular nossas observações de maneira neutra, descrevendo simplesmente os fatos, sem opinar ou interpretá-los. Por exemplo: "Você não passa de um egoísta..." é muito diferente de "Quando você terminar toda a carne do prato..."

A segunda formulação aumenta as chances de abertura ao diálogo.

Exercício: saber citar fatos sem lhes acrescentar uma avaliação

Determine se as seguintes frases constituem uma observação desprovida de avaliação. Caso contrário, imagine o que poderia ser uma observação pura e reescreva o enunciado.

1) Você fica o tempo todo na frente do computador ⇨
2) Em nossas reuniões você fala demais ⇨
3) Hoje cedo você foi embora e deixou seu prato sobre a mesa ⇨
4) Você agride todo mundo por nada ⇨
5) Você é muito protetora com seus filhos ⇨
6) Ontem você bateu na sua irmãzinha ⇨
7) À noite Lucas fica triste ⇨

Respostas possíveis:
1) Ontem você ficou ao computador durante cinco horas.
2) Na reunião desta manhã você falou por 40 minutos e as outras duas pessoas só por 10 minutos.
3) OK.
4) Você diz que "estamos infernizando sua vida".
5) Você verifica a mochila de nosso filho antes de sua viagem de fim de ano escolar.
6) OK.
7) Lucas chora à noite.

Preste atenção para controlar o que se passa em sua cabeça!

O essencial é a energia que liberamos e que é muito mais sentida do que aquilo que dizemos. Com efeito, se você foi bem neste exercício, o que conta sobretudo, mas não pode ser medido aqui, é **a intenção de não avaliar**.

Por exemplo, se Maria diz a seu vizinho: "Esta semana você não veio pegar a correspondência como combinado", no plano verbal é uma observação pura, mas, no plano não verbal (o que o corpo e o tom da voz expressam), se Maria tiver os braços cruzados e um tom agressivo, seu vizinho estará na defensiva, pois deduzirá (mesmo inconscientemente) que ela o está recriminando.

O que seu interlocutor capta acima de tudo é sua atitude não verbal.

O sentimento

A sociedade atual deixa pouco espaço ao humano. Os sentimentos e as emoções são até mesmo vividos como um obstáculo ao bom funcionamento da vida. O que é verdade quando não temos consciência disso! **Por outro lado**, estar conscientes de nossa experiência nos impedirá de sermos submersos por ela e nos permitirá cuidar dela, se necessário.

Nossos sentimentos são a cor que a vida adquire em nós de momento em momento.

Sob a palavra "sentimento", a CNV reagrupa ao mesmo tempo as sensações físicas, as emoções e os sentimentos. Para expressar o que sentimos, é importante desenvolver um vocabulário extenso porque vivemos cotidianamente sentimentos muito diversos e porque não aprendemos a percebê-los nem a nomeá-los.

Já aconteceu de ficar contrariado(a) ou triste sem se dar realmente conta no momento?

☐sim   ☐não

E de só tomar consciência disso depois de alguns dias passados nesse estado?   ☐sim   ☐não

E neste exato momento, como você está? <u>Perceba o que está sentido e pinte suas emoções do momento.</u>

Minhas emoções do momento:

Um sentimento é um mensageiro, um informante atento para nos anunciar que alguma coisa em nós está satisfeita ou exige atenção: **essa alguma coisa**, em CNV se chama **"necessidade"**. Vamos explorá-la ao longo da terceira etapa.

As etapas do sentimento e da necessidade são inseparáveis. Por exemplo, "se me sinto confus(a)" isso significa que "preciso de clareza".

É geralmente aceito que existem **4 sentimentos básicos** – a alegria, a tristeza, o medo e a raiva – em torno dos quais existem uma infinidade de nuanças.

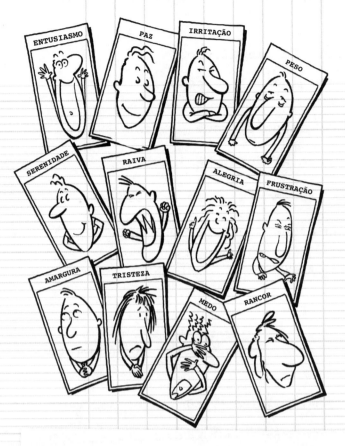

Estas são as 12 cartas que expressam 12 sentimentos. Pinte de rosa aqueles que você gosta de experimentar e de cinza os que você não gosta de sentir.

Desenvolva seu vocabulário de sentimentos para tornar a expressão de sua experiência mais próxima de sua verdade e a mais singular possível.

Nas seguintes situações, quais são os sentimentos possíveis:

1) Você acabou de quebrar um copo ⇨
2) Soube que um petroleiro afundou e o óleo se espalhou no mar ⇨
3) Anunciam-lhe que foi muito bem-sucedido em um exame importante ⇨
4) Seu parceiro(a) lhe diz que o(a) ama ⇨

Respostas possíveis:
1) Frustrado(a), decepcionado(a)...
2) Inquieto(a), impotente...
3) Feliz!
4) No sétimo céu!

Outro pequeno exercício de linguística!

Complete esta lista imaginando, se necessário, um contexto:

1) Quando se sente sozinho(a) você precisa de...

2) Quando está cansado(a) você precisa de...

3) Quando se sente irritado(a) você precisa de...

4) Quando está inquieto(a) você precisa de...

Respostas possíveis:
1) Companhia, compartilhamento...
2) Descanso, revigoramento...
3) Reencontrar a paz...
4) Sentir-se seguro quanto a...

Geralmente acreditamos que nossos sentimentos são engendrados pelos eventos ou pelas ações do outro. Mas não é bem assim:

Nossos sentimentos provêm de nossas necessidades!

Pinte essa verdade para absorvê-la bem!

Eis uma historieta que ilustra esta afirmação:

No final de uma reunião de trabalho, na qual os participantes riram muito e pouco avançaram no desenvolvimento de um relatório, o facilitador perguntou a cada um(a) como ele(a) se sentia. Algumas pessoas responderam que ficaram encan-

tadas, pois suas necessidades de relaxamento e de prazer compartilhado foram satisfeitas; outras se declararam frustradas, pois sentiam necessidade de fazer um bom uso de seu tempo. Isso mostra que um mesmo evento pode, segundo as necessidades das pessoas, despertar sentimentos opostos. Se você experimenta um sentimento agradável isso significa que tem uma ou algumas necessidades satisfeitas. **Se o seu parceiro lhe oferece flores certamente você se sentirá feliz porque sua necessidade de atenção estará satisfeita.**

Se você experimenta um sentimento desagradável isso significa que tem uma ou algumas das necessidades não satisfeitas. **Se seu(sua) namorado(a) passa horas no Facebook sem se preocupar com você, talvez você se frustre porque tem necessidade de consideração e de troca.**

23

Pensar que nossos sentimentos são causados pelo outro representa uma grande fonte de violência. Com efeito, quando supostamente dizemos ao filho: "**Estou triste porque você não arruma seu quarto**", fazemos com que ele acredite, desde muito cedo, que é responsável pelo nosso mal-estar e o estimulamos a pensar que ele tem o poder de nos deixar felizes ou infelizes, quando, de fato: "**Estamos tristes porque gostamos da ordem e/ou porque precisamos ter a segurança de que nossa educação traz seus frutos...**" Ao responsabilizar alguém pelos nossos sentimentos, adicionamos à sua experiência o peso da nossa e renunciamos ao nosso poder.

Essa noção funciona nos dois sentidos: não é, portanto, útil nos tornarmos mais pesados ao endossar a culpa da experiência do outro. Nossa ação pode estimular o sofrimento no outro, mas a origem de seu sofrimento reside em sua necessidade não satisfeita. Ao pensar: "**Minha mulher está decepcionada porque vou praticar esporte**", um homem

assume uma culpa e/ou uma responsabilidade nociva(s) para ele e para seu relacionamento; portanto, é crucial que ele saiba que sua mulher está decepcionada não porque ele não faz o que ela gostaria, mas porque **ela** tem necessidade de companhia ou de alimentar sua relação com ele.

Sendo assim, mesmo que um marido saiba que não é culpado nem responsável pelos sentimentos de sua mulher, é essencial que seja responsável por **suas próprias intenções e ações**. Assim, se deseja preservar a qualidade de seu casamento (intenção), é bom que também crie momentos (ação) para alimentar sua relação. Assim, se faz uma escolha em função de suas necessidades (relaxamento pelo esporte) ele ouvirá com atenção as necessidades de sua mulher (conexão), mesmo que estas sejam levadas em conta em um outro momento. Uma relação floresce muito mais quando a culpa mútua diminui e quando cada um ouve, acolhe e considera as necessidades do outro em pé de igualdade com as suas.

Minhas culpas
Minhas
responsabilidades

Existem palavras comumente empregadas como sentimentos, mas cujo uso deve ser evitado, pois estão associadas a um julgamento. São palavras como: **"Sinto-me traído(a), abandonado(a), incompetente..."** Como julgam ou acusam, elas representam uma fonte potencial de conflitos (julgamento sobre o outro) ou de desencorajamento (julgamento sobre si).

As frases do gênero: **"Acho que...", "Tenho a impressão de que..."** devem ser evitadas porque muitas vezes são seguidas de um pensamento: **"Acho que você está mentindo"** expressa um pensamento, ao passo que "Sinto desconfiança" expressa um sentimento.

Determine se as seguintes frases expressam ou não um sentimento ou uma avaliação disfarçada. Se o sentimento não estiver expresso reescreva a frase para que ele esteja claramente presente.

1. Quando você não me diz bom dia sinto-me ignorado(a).

Sentimento	Avaliação disfarçada	Reformulação
☐sim ☐não	☐sim ☐não	☐sim ☐não

2. Não vou conseguir.

Sentimento	Avaliação disfarçada	Reformulação
☐sim ☐não	☐sim ☐não	☐sim ☐não

3. Estou desapontado(a) por não ter passado no exame.

Sentimento	Avaliação disfarçada	Reformulação
☐sim ☐não	☐sim ☐não	☐sim ☐não

4. **Acho que você gosta mais da Francisca.**
   Sentimento   Avaliação disfarçada   Reformulação
   ☐sim ☐não   ☐sim ☐não   ☐sim ☐não

5. **Você me irrita quando deixa tudo desarrumado.**
   Sentimento   Avaliação disfarçada   Reformulação
   ☐sim ☐não   ☐sim ☐não   ☐sim ☐não

6. **Estou cansado(a) de nossas discussões.**
   Sentimento   Avaliação disfarçada   Reformulação
   ☐sim ☐não   ☐sim ☐não   ☐sim ☐não

7. **Tenho o sentimento de que ele(a) me engana.**
   Sentimento   Avaliação disfarçada   Reformulação
   ☐sim ☐não   ☐sim ☐não   ☐sim ☐não

Resultados possíveis:
1) Sinto-me surpreso(a), perplexo...
2) Sinto-me desencorajado(a)...
3) OK.
4) Sinto-me triste...
5) Estou irritado(a)...
6) OK.
7) Sinto-me desconfiado(a)...

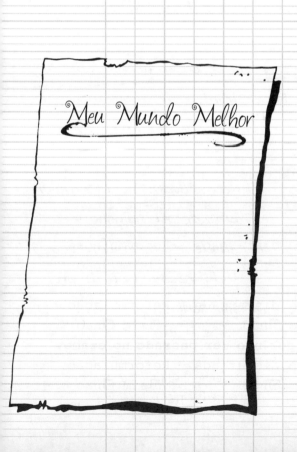

Meu Mundo Melhor

Exercício: um mundo melhor

Reserve um momento para descrever as 7 características mais importantes do que seria, em sua vida, um mundo melhor no plano relacional. Por exemplo, ter tempo para conhecer os vizinhos, respeitar seus compromissos etc. Contemple esse mundo, imagine que ele se tornou realidade e sinta o que isso provoca em você.

A necessidade, diamante do processo da CNV

> *"Tudo o que fazemos é para atender às nossas necessidades."*
> Marshall B. Rosenberg

Segundo a acepção da CNV, o termo "necessidade" designa tanto o que é indispensável à nossa vida quanto o que lhe dá segurança e sentido. Ele engloba ao mesmo tempo nossas "necessidades vitais", nossas "necessidades de segurança" e "nossas necessidades de desenvolvimento".

- **Necessidades vitais**: respirar, comer, beber, dormir, eliminar.
- **Necessidades de segurança**: necessidade de segurança material, afetiva...
- **Necessidades de desenvolvimento do ser humano**: necessidade de contribuir com a vida, necessidade de propiciar sentido...

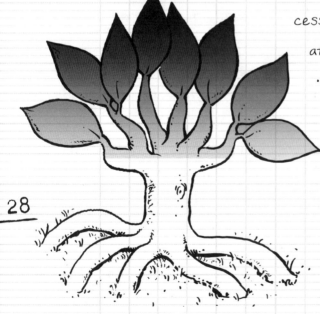

Desenho inspirado por Martine Marenne (Bélgica).

Esta árvore simboliza suas necessidades: escreva em suas raízes as necessidades vitais; no tronco e nos galhos, suas principais necessidades de segurança; e nas folhas, suas necessidades atuais de desenvolvimento. Pinte sua árvore segundo sua inspiração.

Para ajudá-lo a descobrir suas necessidades de segurança e de desenvolvimento, vá até as listas da página 62.

As necessidades são essenciais porque constituem um terreno no qual os seres humanos podem se compreender: no nível das necessidades, o conflito é impossível, pois é um nível que leva à compreensão mútua e ao não julgamento. Com efeito, as necessidades são universais e semelhantes entre os seres humanos.

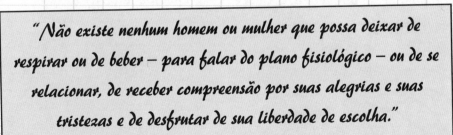

"Não existe nenhum homem ou mulher que possa deixar de respirar ou de beber — para falar do plano fisiológico — ou de se relacionar, de receber compreensão por suas alegrias e suas tristezas e de desfrutar de sua liberdade de escolha."

Anne Bourrit (Suíça)

Uma necessidade se expressa em termos positivos e não implica nem uma outra pessoa, nem uma ação concreta. Trata-se de dizer: "Preciso de..." e não "Preciso que você não..."

Quando dizemos ao nosso filho que sai pela primeira vez à noite: "Preciso que você não corra riscos e que volte com seu irmão", esta forma é negativa, ela implica o outro e nela mistura uma ação. É melhor dizer: "Estou inquieto(a) e preciso me tranquilizar sabendo que você está em segurança. Você concordaria em voltar ao mesmo tempo que seu irmão?"

Exercício para identificar suas necessidades

Examine se as seguintes frases expressam uma necessidade. Caso contrário, imagine o que poderia ser essa necessidade e reescreva a frase de modo a expressá-la.

1) Sinto-me triste porque você não me desejou um bom aniversário ⇨
2) Estou decepcionado(a) porque você não cumpriu sua promessa ⇨
3) Preciso que você venha me ver ⇨
4) Preciso de mais tempo para falar ⇨
5) Preciso de solidariedade ⇨
6) Preciso de mais clareza ⇨
7) Gostaria que você se calasse enquanto eu falo ⇨

Resultados possíveis

1) Sinto-me triste porque gosto de ser festejado(a).
2) Estou decepcionado(a) porque preciso de coerência entre as palavras e os atos.
3) Preciso alimentar nossa relação.
4) Preciso caminhar no meu ritmo.
5) Uma necessidade é expressa.
6) Uma necessidade é expressa.
7) Preciso de paz, de concentração.

Em CNV nos expressamos cientes de que é "se desenredando" do outro que aumentamos nossas chances de estar realmente próximos dele. Assim, quando expressarmos uma necessidade tomaremos o cuidado para não implicar uma outra pessoa (exemplo 1), e se considerarmos a necessidade do outro nos "desenredaremos" dele (exemplo 2).

- Exemplo n. 1: "Preciso de tranquilidade", e não: "Preciso que você se acalme!"
- Exemplo n. 2: "Você precisa ficar sozinh(a) para se reencontrar", e não "Você precisa que eu (a) deixe em paz?!"

Repita o exercício "Um mundo melhor" (p. 27), leia o que você escreveu e, se necessário, traduza suas frases em necessidades.

Por exemplo, menos discussões familiares:

⇨ necessidade de harmonia.

Quando tomamos conhecimento de uma necessidade não satisfeita isso nos permite, graças à elaboração de um pedido, encontrar uma saída para nossa dificuldade.

O pedido

"O pedido, na consciência das necessidades, é a chave da abundância."

Guy De Beusscher (Bélgica)

Um pedido possui **6** critérios:

- Dirige-se a alguém específico: "**Você** concordaria com...", e não: "Será que **alguém** poderia me ajudar?"
- Refere-se ao instante presente: "Diga-me se você quer lavar a louça...", e não: "**De agora em diante**, você vai lavar a louça!"
- Ele é concreto: "Diga-me se você quer lavar a louça", e não abstrato como " me ajudar".
- É expresso em linguagem positiva: evitar as negações como "não mais".
- É realizável: pedir o impossível é o melhor meio para não obter nada!
- Deixa a escolha: "Você concordaria com...", e não "Quero que você..."

Pedir algo é ser proativo(a) e é tomar sua vida nas mãos!

Pinte essa frase para assimilá-la melhor.

No pedido, há a potência de iniciar a mudança. Por vezes, isso pode provocar o medo de descobrir a que ponto temos o poder de criar aquilo que desejamos. Em outras circunstâncias, podemos ficar inquietos com a ideia de receber um não.

Existem dois tipos de pedido:
- aqueles que visam a conexão com o outro (utilizados em **90%** dos casos)
- e aqueles que visam uma ação (**10%** dos casos).

Exemplos de um pedido de conexão:
"Agora, o que eu desejaria é...
- ouvir sua opinião;
- que me diga se realmente gostaria que explorássemos possíveis soluções juntos;
- que me diga o que me ouvir provoca em você."

Exemplo de um pedido de ação:

"Agora, o que eu desejaria é...

· que peguemos nossas agendas para marcar uma hora;

· que você passe o aspirador ainda hoje."

Exercício para aprender a expressar seus pedidos

Examine as seguintes frases. Se os 6 critérios não são encontrados, reformule-as imaginando eventualmente um contexto.

Exemplo de um pedido que preenche os 6 critérios: "Você concordaria em falar esta noite sobre o que aconteceu ontem?"

1) Desejaria que você me ouvisse ⇨
2) Gostaria que você citasse uma coisa que eu fiz e que você aprecia ⇨
3) Gostaria que você se sentisse mais à vontade para fazer sua conferência ⇨
4) Você pode preparar o jantar desta noite ⇨
5) Deixe-me viver minha vida! ⇨
6) De agora em diante é você que atenderá ao telefone! ⇨
7) Você concordaria em continuar a conversa depois do jantar? ⇨

Resultados possíveis:

1) Poderia me dizer com suas palavras o que entendeu do que acabei de dizer?
2) OK.
3) Você se sentiria mais confiante se repetisse sua conferência diante de mim esta noite?
4) OK.
5) Gostaria de decidir por mim mesma as roupas que vou usar no sábado!
6) Você concordaria em atender ao telefone das 16 às 17 horas?
7) OK.

Retome o exercício "Um mundo melhor" (p. 27):

Leia as necessidades que você escreveu e, para se tornar ator(atriz) de seu mundo melhor, formule um pedido que possa (se) fazer para ir na direção de uma de suas necessidades.

✱✱✱

Chegamos ao final do aprendizado das 4 etapas da CNV. Vamos agora apresentar as 2 subdivisões que estabelecem uma plena comunicação entre o outro e você:

- a expressão honesta ou assertividade
- e a empatia.

Este desenho ilustra a dificuldade da comunicação. Cada pessoa chegou ao topo de sua montanha por seu próprio caminho e vê apenas **seu** lado da árvore situada entre as duas montanhas.

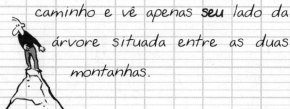
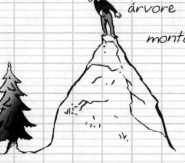

A complexidade da comunicação

A maneira como cada um descrever a árvore será forçosamente diferente. Na parte "expressão de si", a CNV nos ensina a conhecer e a descrever o mais objetivamente possível nosso lado da árvore, respeitando o outro. Para apreender a parte "escuta do outro", desceremos de nossa montanha e subiremos na do outro, para descobrir **seu** ponto de vista. Para isso, será necessário abandonar nossa visão das coisas para considerar a de nosso interlocutor.

Está claro que esse alpinismo é exigente, mas ele nos oferece uma experiência insubstituível, porque, depois de ter escalado a montanha do outro, retornamos à nossa enriquecidos pela variedade dos caminhos que conduzem aos diferentes pontos de vista e pelo conhecimento da árvore em seu conjunto.

A empatia

A autoempatia, preâmbulo silencioso para a autoexpressão

É quando alguém mergulha em si mesmo que encontra sua ressonância com o outro.

Um dos pontos essenciais para preservar as relações é aprender a sentir o que se passa consigo mesmo e por quê. Sobretudo quando se está atravessando uma dificuldade.

A autoempatia é um momento dedicado a se voltar para o interior de si mesmo e acolher o que ali se passa. Para isso, nos colocamos duas questões:

· Como estou me sentindo?

· Ao que aspiro nesta situação?

E permanecemos com essas questões até que uma clareza surja em nós e/ou até que sintamos um alívio no desconforto do momento.

Pinte a frase seguinte para melhor assimilá-la:

A atenção que nos damos nos acalma e nos permite em seguida acolher mais facilmente o outro.

Ouvir-se toma tempo e nem sempre é fácil: às vezes, você pode se sentir mal, mas ignorar as razões para isso. Nesse caso, é bom tomar todo o tempo necessário para estar presente consigo, **com benevolência e persistência**. Isso pode ajudar a escrever seus sentimentos e suas necessidades à medida que eles se tornam conscientes.

Por exemplo, uma mulher anuncia ao seu parceiro que deseja se separar dele durante um mês. Seu parceiro poderia escrever acolhendo-se a si mesmo com autoempatia: "Quando minha mulher me anuncia que quer se separar de mim durante um mês

· sinto-me inquieto e preciso ter certeza da solidez de nossa relação;

· sinto-me desajeitado e gostaria de acreditar que ela sente o amor que tenho por ela;

· estou triste e preciso preservar nossa relação;

· estou surpreso e insisto em compreender as razões de seu pedido".

"Agora, vou escrever-lhe uma carta para expressar meu amor e sugerir que conversemos uma noite sobre tudo isso, depois que as crianças forem dormir, para compreender o que ela está passando."

Dedicar um tempo para ouvir a si mesmo é algo que oferece clareza, energia e confiança. Em seguida é possível (se) fazer pedidos em função das necessidades do momento.

Exercício de autoempatia

Pense em uma situação difícil, observando a situação:
  Quando penso em...
Acolha seus sentimentos **com benevolência e persistência**:
  ...sinto-me...
Procure suas necessidades não satisfeitas:
  ...porque preciso de...
Procure a ação que você poderia empreender para descobrir uma de suas necessidades:
  ...e, agora, eu vou...

Se, de manhã, a cafeteira explode, as crianças estão atrasadas e seu marido fica de cara feia, escolha instantaneamente a autoempatia!

Autoexpressão ou honestidade, assertividade

MEU lado

Quanto mais as palavras vêm de sua humanidade, isto é, sob a forma de sentimentos e de necessidades, respeitando o outro, tanto mais você será crível, considerad(a) e ouvid(a). Depois de ter esclarecido o que está acontecendo dentro de você, tome a decisão de conversar sobre isso com a pessoa em questão.

Sob o ponto de vista da CNV a **honestidade** é a capacidade de um ser humano de expressar o que ele vive e ao que ele aspira, sem julgamento, nem recriminação, nem agressividade.

Se quisermos nos entender é essencial aprender a dizer ao outro **nossa própria verdade**, em vez de lhe devolver as próprias verdades dele!

Se, em um relacionamento, um dos interlocutores se sente criticado isso enfraquece a capacidade comum para colaborar ou para resolver um conflito, ainda que a crítica tenha fundamento.

Se você está falando de si, então fale realmente de si! Se está realmente falando de si, o outro não existe na imagem. Isso não quer dizer que ele não conte mais, mas significa que ele desaparece do quadro de seu drama. De fato, quando você fala realmente de si, somente você permanece naquilo que está comunicando. Nesse momento você está madur(a) para dizer ao outro o que você está vivendo e para que ele possa ouvi-l(a).

Exercício de expressão honesta

Pense em uma dificuldade pela qual está passando (ou passou) com alguém:
Descreva a situação:
   Quando penso naquele momento em que:
Nomeie um ou dois sentimentos:
   ...sinto-me...
Expresse uma ou duas necessidades não satisfeitas:
   ...porque tenho (tive) necessidade de:
Cite a ação que o outro poderia tomar para levar em conta suas necessidades:
   ...e, agora, você concordaria com...

Escuta do outro ou empatia

O lado do OUTRO

Empatia significa em grego "sentir interiormente, perceber a experiência subjetiva de alguém".

> **"Ter empatia pelo outro é fazer um bem a si mesmo(a)."**
> Pascale Molho (França)

> **"A empatia é uma qualidade de escuta e de presença ao outro, aos seus sentimentos e às suas necessidades, sem querer conduzi-lo a alguma parte e sem lembrar do passado."**
> Marshall B. Rosenberg

Há uma coisa que desativa a violência e a agressividade no interior de uma relação, é quando tentamos compreender o outro no nível do que é mais importante para ele, ou seja, o que ele sente (**seus sentimentos**) e o que dá um sentindo à sua vida (seus desejos, suas aspirações, seus valores, em uma palavra: **suas necessidades**). Assim, durante conflitos, quando alguém é compreendido pelo que está vivendo (o que não implica que estejamos de acordo com ele) e pelas suas necessidades (o que não quer dizer que vamos satisfazê-las), algo muito sutil ocorre com ele: suas defesas se baixam e, pouco a pouco, ele novamente se abre ao diálogo e ao relacionamento. Quanto mais alguém é agressivo ou violento, mais precisa de empatia e menos temos vontade de lhe dar!

Na empatia, o que conta acima de tudo é a qualidade da presença que oferecemos. Ser empático(a) é tentar ver o outro como um ser humano e criar com ele uma qualidade de conexão.

Os sinais indicando que uma pessoa recebeu nossa empatia:

· Ela não acrescenta mais nada ou então declara:

"Sim, é exatamente isso!"

· Uma certa tensão, perceptível até em seu corpo, desapareceu.

A **empatia** não tem nada a ver com:

· A **simpatia**: podemos achar alguém simpático e não ter nenhuma vontade de ser empático com ele (aprecio minha vizinha, mas nem por isso tenho vontade de escutar o que há de errado em sua vida) e, inversamente, podemos ser empáticos com alguém por quem não sentimos simpatia (embora não me entenda muito bem com meu chefe, que está sempre me pressionando, posso lhe dizer: "Você precisa ter certeza de que o trabalho será cumprido no prazo?")

- A **complacência**: podemos ser empáticos com alguém e não concordar com ele nem fazer o que ele pede (ouço com benevolência meu filho que não quer ir à escola; contudo, não aceito que ele perca as aulas).

Exercício de empatia

Pense em uma dificuldade que você está vivendo (ou viveu com alguém):
Descreva a situação:
Quando você pensa nesse momento em que...
Cite um ou dois sentimentos que seu interlocutor poderia sentir:
...como está se sentido, você está...
Cite uma ou duas necessidades que, segundo você, seu interlocutor não considera satisfeitas:
...porque você tem/tinha necessidade de...
Formule um pedido para verificar se você realmente percebeu o que seu interlocutor está vivendo:
...é realmente isso?

A "dança" completa em CNV

Quando, durante uma interação, a empatia e a honestidade se expressam ao mesmo tempo e em várias trocas, falamos de uma "dança completa" entre duas pessoas. Esta é geradora de pacificação, de respeito mútuo e de colaboração.

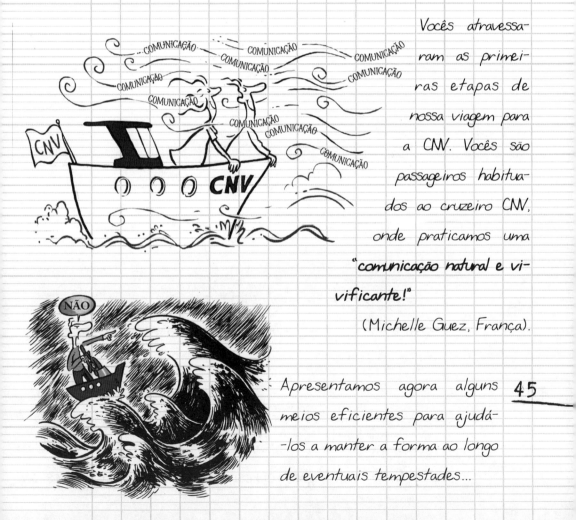

Vocês atravessaram as primeiras etapas de nossa viagem para a CNV. Vocês são passageiros habituados ao cruzeiro CNV, onde praticamos uma **"comunicação natural e vivificante!"**

(Michelle Guez, França).

Apresentamos agora alguns meios eficientes para ajudá-los a manter a forma ao longo de eventuais tempestades...

45

Ousar dizer não

Você consegue dizer não e/ou colocar limites facilmente?

Caso contrário, escreva aqui o que o impede de fazê-lo:

Algumas ideias sobre o que pode nos impedir de dizer "não":

· Ser surpreendido por um pedido imprevisto e pela falta de tempo para nos consultar sobre nossas necessidades.

· Ter medo das consequências, como perder o amor ou iniciar um conflito.

· Estar dividido entre a necessidade que nos levaria a dizer sim e aquela que nos levaria a dizer não.

· Pensar que as necessidades do outro são mais importantes do que as nossas.

Aprender a dizer não respeitando cada pessoa envolvida é um poderoso caminho de encontro consigo mesmo. **Todos os nossos falsos "sim", que não respeitam nossas necessidades, são**

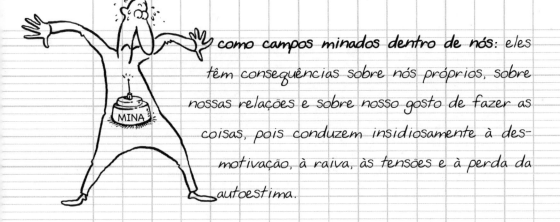 como campos minados dentro de nós: eles têm consequências sobre nós próprios, sobre nossas relações e sobre nosso gosto de fazer as coisas, pois conduzem insidiosamente à desmotivação, à raiva, às tensões e à perda da autoestima.

Por outro lado, quando se aprende a dizer não sem se sentir envergonhado(a) ou culpado(a), adquire-se muito mais autoestima e poder pessoal.

As etapas para aprender a dizer "não":
1) Acolha o pedido da pessoa mostrando-lhe sua abertura com sua atitude não verbal, o que não implica de forma alguma a resposta que você lhe dará em seguida. Muitas vezes, o que é difícil para quem faz um pedido é ler no olhar de seu interlocutor que este vive esse pedido como um aborrecimento ou como uma falta de sorte.
(Uma noite por semana a mulher quer sair para relaxar, ao passo que o homem está cansado.)
2) Se você sabe que, geralmente, costuma dizer "sim", comece por adiar sua resposta.

(Preciso pensar sobre o seu pedido. Dou minha resposta em uma hora.)

3) Reformule o pedido e as necessidades da pessoa para lhe mostrar que você compreendeu plenamente.

(Entendo que você gostaria de sair esta noite e que precisa relaxar.)

4) Diga "não" expressando os sentimentos e as necessidades que o levam a recusar.

(Estou dividido entre a vontade de agradá-la e a necessidade de descansar depois de uma semana exaustiva. Preciso recarregar minhas baterias, então quanto a esta noite a resposta é não!)

5) Faça um pedido mostrando que está levando em conta as necessidades de cada um e que se preocupa com o que o outro está vivendo.

(Mas se concordar, esta noite, poderíamos separar um tempo para preparar a saída de amanhã, ou então: Você consegue pensar em uma outra distração que a agradaria tendo em conta meu cansaço?)

Em seguida, a troca; a "dança" continua na escuta das respectivas necessidades.

Nessa maneira de proceder o que toca sobretudo a pessoa é a sua capacidade de estar em contato e em paz com suas necessidades sem deixar de se preocupar sinceramente com as da outra pessoa e com o que o seu "não" despertará nela.

Pinte este mandala absorvendo seu texto de sabedoria.

"Sei o que é bom para mim. Sei dizer não quando as proposições que me fazem não me convêm. Aceito também que me digam não; não me sinto magoado ou diminuído por isso."

Expressar sua raiva contra si, e não contra o outro

> *"Não tenha medo de se confrontar; do caos nascem as estrelas."*
> Charles Chaplin

A raiva é uma função vital que tem muito valor porque ela nos desperta e nos dá intensidade para agir. Sua energia deve ser respeitada e utilizada em toda sua potência; isto é, para servir às nossas necessidades, e não para atacar o outro.

Meu mental está criando meu inferno ou meu paraíso?

Desenhe o que seu mental cria quando você está com raiva ou irritado.

Meu desenho:

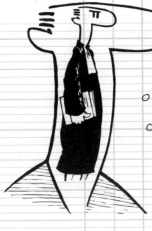

A raiva contra o outro tem pouco poder e consome muita energia. Ela é o sinal de que perdemos o contato com nossas necessidades e que, em nossa cabeça, estamos ocupados em *julgar*:

· Quem está errado, quem tem razão?
· O que deveria ter sido feito ou não?
· Quem merece ser punido etc.?

A ação de alguém pode "estimular" nossa raiva, mas nunca é a causa dela. Sua causa se encontra em nossos pensamentos e em nossa interpretação de certas situações. E a raiz de nossa raiva se encontra em nossas necessidades insatisfeitas.

Num domingo de manhã Stephen Covey estava em um metrô quase vazio. Tudo estava calmo quando um pai e seus quatro filhos vieram se sentar. Embora fizessem uma algazarra terrível, o pai nada dizia. Irritado, furioso, Stephen Covey exclamou interiormente: "É inacreditável, este homem está inconsciente! Ele deveria dizer aos seus filhos que se acalmem!"

Pouco depois, quando ia se dirigir ao pai, este lhe disse: "Percebi que meus filhos incomodam e peço desculpas por

51

não lhes ter pedido para se acalmarem, mas estou me sentido mal. Estamos saindo do hospital onde a mãe deles acabou de morrer". Em um segundo a raiva de Stephen Covey, que provinha de seus pensamentos, transformou-se em compaixão!

Não há qualquer dúvida sobre o comportamento de uma pessoa, mas o que fazemos e pensamos vem de nós e faz toda a diferença.

Pinte este mandala absorvendo seu texto de sabedoria.

"Tomo consciência de que sou eu que tenho o poder sobre meus humores. Os outros não têm nada a ver com isso, não são responsáveis pelo que me acontece."

A raiva é um sentimento protetor que mascara outros. Com efeito, se reconhecemos as necessidades que ela expressa, a raiva se transforma e revela outros sentimentos, como a tristeza, a impotência e o medo.

Eis agora um processo em **6 etapas para transformar** sua raiva **CONTRA em uma energia A SERVIÇO DE** sua vida:

1) Não diga nada ou mesmo deixe os lugares a fim de não piorar as coisas.

2) Ouça seus julgamentos sobre os outros e os escreva.

3) Procure as necessidades ocultas por trás de seus julgamentos e acolha-as uma por uma.

(Você é egoísta → necessidade de ser levado em conta)

4) Acolha em você a emergência de novos sentimentos.

5) Escreva qual pedido você poderia (se) fazer para satisfazer suas necessidades.

6) Se necessário, vá encontrar a pessoa em questão e diga-lhe seus sentimentos, suas necessidades e eventualmente seu pedido.

Expressar plenamente sua raiva exige a capacidade de estar consciente de todas as suas necessidades. Você conseguirá substituindo sistematicamente: "Estou com raiva porque você..." por: **"Estou com raiva porque preciso de..."**

> **Escreva várias vezes: "Preciso de..." para compreender a nuança dessa formulação.**

Na maioria dos casos, se seu interlocutor está agitado interiormente ou se ouve que agiu mal, será difícil para ele receber seus sentimentos e suas necessidades. Então, antes de esperar que ele acolha o que você está experimentando, é melhor, se você conseguir, passar por uma fase na qual lhe testemunhará sua empatia.

Uma importante reflexão suplementar consiste, depois das seis etapas, em perguntar a si mesmo quais necessidades seu interlocutor tentava preencher comportando-se daquela maneira. Por exemplo, na história de Stephen Covey, a necessidade do pai de família provavelmente era a de voltar para dentro de si mesmo a fim de se refortalecer, esquecendo-se de todo o resto.

Expressar-se de maneira natural

Muitas vezes, no começo da aprendizagem da CNV, nossa linguagem torna-se limitada, ou mesmo artificial, o que nos vale comentários irônicos e desencorajantes do tipo: "Você sempre psicologiza tudo desse modo?" "Você está cheid(a) de sentimentos nestes últimos tempos!" "Só tem uma palavra na boca: suas necessidades!"

Para ajudá-l(a) a superar essa dificuldade lembre-se de que o essencial é:

- Sua capacidade de presença para si e para o outro.
- Sua intenção de ser empático(a) e assertiv(a).

Sendo assim, existem maneiras mais variadas e discretas para expressar seus sentimentos e necessidades, acolhendo as dos outros.

Honestidade
Sentimentos:
    Forma clássica: *Sinto-me...*
    ⇨ *Eu sou.../É.../Isso me faz...*
Necessidades:
    Forma clássica: *Porque necessito de...*
    ⇨ *Adoro, prefiro quando.../Isso me agrada quando.../*
    Isso me paralisa se.../É genial para mim, quando.../
    Gosto menos quando...

Empatia:
Sentimentos:
Forma clássica: *Você se sente...*
⇨ *Você está... (triste etc.)? Isso lhe causa (dor, calor no coração etc.)? É... (difícil etc.) para você? Isso deve ser... (estressante etc.)*
Necessidades:
Forma clássica: *Porque você necessitaria de...*
⇨ *Você gostaria, desejaria.../Seu desejo seria.../ O ideal para você seria.../O que importa, para você, é.../Você detesta quando.../Você gostaria se.../Isso seria legal, o máximo para você se.../Isso cansa quando...*

Circule as frases que lhe inspiram em relação ao estilo de linguagem que é o mais familiar para você, ou crie outras abaixo:

Formulações que visam obter retorno sobre o que acabamos de dizer:

(*O importante reside sobretudo no fato de continuar a dança oferecendo ao outro um espaço de reação e de dança!*)
Forma clássica: *Você sente... porque necessita de... é isso?*
⇨ *O que acha do que estou lhe dizendo?/O que o interpela nas minhas palavras?/Com o que concorda?/Ou não concorda?/O que isso lhe causa quando conto?/O que conta para você a respeito daquilo que estou lhe dizendo?*

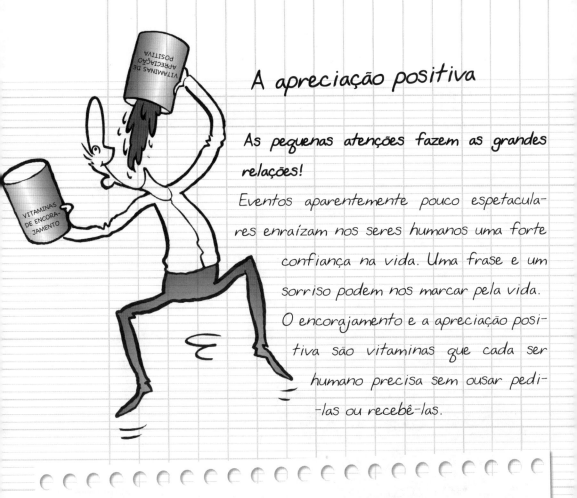

A apreciação positiva

As pequenas atenções fazem as grandes relações!

Eventos aparentemente pouco espetaculares enraízam nos seres humanos uma forte confiança na vida. Uma frase e um sorriso podem nos marcar pela vida. O encorajamento e a apreciação positiva são vitaminas que cada ser humano precisa sem ousar pedi--las ou recebê-las.

Pense em uma atenção que alguém lhe dirigiu e que lhe fez bem, e faça o seguinte exercício, imaginando que você está falando com a pessoa envolvida:

1) Descreva o que ela faz ou diz:
2) Expresse a(s) necessidade(s) satisfeita(s) em você com essa ação ou essa fala:
3) Expresse como se sente ao pensar nisso:
   Quando você...
   ...isso satisfez em mim a(s) necessidade(s) de...
   ...e, quando penso nisso, sinto-me...

Agora dirija a si mesmo um obrigado seguindo as mesmas etapas e veja se pode recebê-lo plenamente!

É o momento de fazer o balanço de sua viagem; para isso, responda às questões segundo sua realidade atual. Se considerar que ainda há um caminho a ser feito, retorne aos capítulos que precisam ser aprofundados e, em vez de se criticar, lembre-se desta frase:

> *"Toda vez que erro, eu avanço!"*
> Michelle Guez (França)

- **Será que antes de me comunicar com o outro eu comunico comigo mesmo?**
  ☐ sempre ☐ geralmente ☐ às vezes ☐ raramente ☐ nunca
- **Sou capaz de manter o vínculo comigo sem negar o outro?**
  ☐ sempre ☐ geralmente ☐ às vezes ☐ raramente ☐ nunca

- **Sou capaz de escutar o outro sem esquecer de mim?**
☐sempre ☐geralmente ☐às vezes ☐raramente ☐nunca

- **Sou capaz de manter a cabeça fria e o coração quente?**
☐sempre ☐geralmente ☐às vezes ☐raramente ☐nunca

- **Ouso dizer não sem me detestar?**
☐sempre ☐geralmente ☐às vezes ☐raramente ☐nunca

- **Sou capaz de dizer não ao expressar as necessidades para as quais digo sim?**
☐sempre ☐geralmente ☐às vezes ☐raramente ☐nunca

- **Será que expresso minhas raivas de maneira construtiva?**
☐sempre ☐geralmente ☐às vezes ☐raramente ☐nunca

- **Sou capaz de ver a beleza no outro?**
☐sempre ☐geralmente ☐às vezes ☐raramente ☐nunca

- **Sou capaz de ver a beleza em mim?**
☐sempre ☐geralmente ☐às vezes ☐raramente ☐nunca

A CNV não quer ser a soma de uma série de regras, mas antes um guia que nos permite crescer em humanidade. O importante neste caderno não é tanto a "técnica linguística" mas **a intenção de ser benevolente consigo e com o outro;** isto é, **ao mesmo tempo autêntico(a) e empático(a).**

> *"Cada segundo pode ser uma nova partida, se você assim quiser. Cabe a você escolher."*
>
> Christian Bobin

Desenhe sua nova partida para seu "mundo melhor" no campo de suas relações.

Meu desenho:

Anexos

Sentimentos experimentados quando nossas necessidades são satisfeitas

Aberto, admirador, alegre, alimentado, aliviado, amoroso, animado, apaixonado, apaziguado, atônito, atordoado, à vontade, bem-disposto, brincalhão, calmo, caloroso, cativado, centrado, chateado, cheio de esperança, cheio de si, compartilhado, compassivo, comprometido, concentrado, confiante, confortado, contente, curioso, descontraído, desperto, despreocupado, determinado, distraído, divertido, eletrizado, em efervescência, em expansão, em harmonia, embalado, emocionado, encantado, encorajado, enérgico, energizado, enternecido, entregue, entusiasta, envolvido, espantado, estimulado, exaltado, excitado, exuberante, fascinado, feliz, fervilhante, forte, galvanizado, grato, implicado, inebriado, inflamado, inspirado, interessado, intrigado, leve, livre, maravilhado, meloso, motivado, orgulhoso, otimista, pacífico, peralta, próximo, radiante, realizado, receptivo, refrescado, refrescante, regenerado, relaxado, revigorado, saciado, satisfeito, seguro, seguro de si, sensibilizado, sensível, serenado, sereno, surpreso, tocado, tranquilizado, tranquilo, vivificado, vivo.

Sentimentos experimentados quando nossas necessidades não são satisfeitas

Abalado, abandonado, abatido, adormecido, agitado, alarmado, amargurado, angustiado, ansioso, apavorado, assustado, aterrorizado, atônito, atormentado, bloqueado, cansado, cético, chocado, combalido, comovido, confuso, consternado, contrariado, decepcionado, deprimido, derrotado, desamparado, desapegado, desapontado, descomposto, desconcertado, desconfiado, desconfortável, descontente, desencorajado, desesperado, desestabilizado, desgostoso, desiludido, desmontado, desmoralizado, desmoronado, desolado, desorientado, dilacerado, distante, dividido, embaralhado, encabulado, enfurecido, enojado, entediado, envergonhado, envolvido, esgotado, espantado, estressado, estupefato, esvaziado, exasperado, excedido, extenuado, faminto, fora de si, frágil, frustrado, furioso, gelado, hesitante, horrorizado, impaciente, impotente, incerto, incomodado, incrédulo, indeciso, indiferente, infeliz, inquieto, insatisfeito, insensível, intrigado, irado, irritado, machucado, magoado, mal-humorado, melancólico, na defensiva, nervoso, oprimido, perdido, perplexo, perseguido, perturbado, pesado, pessimista, preocupado, relutante, reservado, resignado, saturado, sedento, sem entusiasmo, sem fôlego, sobrecarregado, sombrio, sozinho, submerso, superado, surpreso, tenso, testado, triste, ultrapassado, vulnerável, zangado.

Palavras a evitar a qualquer preço, pois contêm uma avaliação disfarçada

Abandonado, abusado, acusado, agredido, ameaçado, apanhado no erro, assaltado, assediado, atacado, bobo, caluniado, coagido, criticado, culpado, descartado, desconsiderado, desprezado, desvalorizado, detestado, diminuído, dominado, empurrado, encurralado, enganado, enjaulado, enrolado, esmagado, estúpido, explorado, forçado, humilhado, ignorado, importunado, incapaz, incompetente, incompreendido, indesejável, indigno, insultado, inútil, isolado, jogado, julgado, lamentável, largado, maltratado, manipulado, medíocre, menosprezado, miserável, não aceito, não acreditado, não amado, não importante, não ouvido, não visto, negligenciado, ofendido, perseguido, preso, pressionado, provocado, rebaixado, recriminado, refeito, rejeitado, repudiado, ridicularizado, sem valor, sufocado, sujo, traído, trapaceado, usado, vencido, violado.

Necessidades fundamentais

Transcendência
Alegria, amor, beleza, consciência, deixar ir, espiritualidade, harmonia, ordem, paz, sabedoria, sagrado, serenidade, silêncio, simplicidade, unidade.

Celebração
Compartilhamento das alegrias e das tristezas, da vida e de suas realizações, dos lutos e das perdas.

Fortalecimento, jogo
Alegria, bem-estar, calma, catarse, conforto, cura, equilíbrio, expressão sexual, fantasia, festa, humor, intimidade, jogo, prazer, recreação, relaxamento.

Interdependência
Abertura, aceitação, afeição, ajuda, amizade, amor, apoio, apreciação, atenção, benevolência, calor, cocriação, colaboração, compaixão, companhia, compreensão, comunicação, concertação, conexão, confiabilidade, confiança, consideração, contato, continuidade, cooperação, doçura, empatia, equidade, escuta, expressão, fidelidade, honestidade, intimidade, justiça, participação, partilha, pertencimento, reciprocidade, reconforto, reconhecimento, respeito, ser tocado, ternura, tocar, tolerância, troca.

Sentido
Ação, aprendizado, autorrealização, clareza, coerência, consciência, contribuição para a vida, crescimento, criatividade, desenvolvimento, direção, discernimento, esperança, evolução, experimentar a intensidade da vida, fazer bom uso do tempo, inspiração, participação, propósito, proximidade, realização de seu potencial, segurança, transparência.

Subsistência
Abrigo, água, alimento, ar, cuidados, descanso, eliminação, espaço, estabilidade, luz, movimento, proteção, reprodução, respiração, saúde, segurança.

Integridade
Autenticidade, autoconfiança, autoestima, centralização, conexão consigo mesmo, de seu ritmo, de seus valores, equilíbrio, honestidade, identidade, respeito próprio, senso de valor próprio, unidade interior.

Autonomia
Autoafirmação, escolha de sonhos, objetivos e valores, independência, liberdade, poder sobre a vida, respeito pelo ritmo, solidão, abnegação, tranquilidade, paz.

Nota da autora

Os exercícios de autoempatia, de expressão honesta, de empatia e de gratidão foram criados por Marshall B. Rosenberg, fundador da Communication Non Violente®. As listas de sentimentos/necessidades e dos exercícios para as quatro etapas são inspiradas no *syllabus*, criado por Marshall B. Rosenberg para seus seminários intensivos.

Referências

LEAL, M. & LOWER, R. *Mandalas à colorier — Confiance en soi*. Espace Mieux-être, 2008.
ROSENBERG, M.B. *La Communication NonViolente® au quotidien*. Jouvence, 2003 [*Comunicação não violenta*. Agora, 2019].
VAN STAPPEN, A. *Ne marche pas si tu peux danser*. Jouvence, 2009.
_____. *Petit cahier d'exercices de bienveillance envers soi-même*. Jouvence, 2009.

Contatos

Para mais informações sobre o Centre pour la Communication NonViolente (*Center for Nonviolent Communication*) e para a comunicação não violenta, não hesite em visitar o site europeu
http://nvc-europe.org
ou os sites americanos
www.cnvc.org
www.nonviolentcommunication.com

Para qualquer informação suplementar, você pode contatar:
Le Centre international pour la Communication NonViolente
PO Box 6384 — Albuquerque, Novo México 87197
Tel. +1 505 244 4041
Site europeu: www.nvc-europe.org
Na Bélgica: cnvbelgique@skynet.be
Na França: acnvfrance@wanadoo.fr
Na Suíça: info@cnvsuisse.ch

Sites americanos:
www.cnvc.org e www.nonviolentcommunication.com
Nos Estados Unidos: cnvc@cnvc.org

Para contatar a autora **Anne van Stappen:**
E-mail: avs@annevanstappen.be
Site: www.annevanstappen.be

Acesse a coleção completa em

livrariavozes.com.br/colecoes/caderno-de-exercicios

ou pelo Qr Code abaixo